Nachtrag

zum

Allgemeinen deutschen Handelsgesetzbuch

herausgegeben

von

Dr. C. F. Koch.

Zweite vermehrte und verbesserte Ausgabe 1868.

Enthaltend die das Handelsrecht betreffenden Bundes- und Reichsgesetze.

Berlin,
Verlag von J. Guttentag (D. Collin).
1872.

Einführungs-Gesetze.

I.

Bundesgesetz, betreffend die Einführung der Allgemeinen Deutschen Wechsel-Ordnung, der Nürnberger Wechsel-Novellen und des Allgemeinen Deutschen Handelsgesetzbuchs als Bundesgesetze. Vom 5. Juni 1869.

(B.G.Bl. No. 32 S. 379—381.)

(Auch gültig in Baden, Südhessen und Württemberg seit dem 1. Januar 1871, in Bayern seit dem 13. Mai 1871.)

Wir **Wilhelm**, von Gottes Gnaden König von Preußen ꝛc. verordnen im Namen des Norddeutschen Bundes, nach erfolgter Zustimmung des Bundesrathes und des Reichstages, was folgt:

§. 1. Die Allgemeine Deutsche Wechsel-Ordnung (Anlage A.) nebst den die Ergänzung und Erläuterung derselben betreffenden sogenannten Nürnberger Novellen (Anlage B.), sowie das Allgemeine Deutsche Handelsgesetzbuch (Anlage C.) werden zu Bundesgesetzen erklärt und als solche in das gesammte Bundesgebiet eingeführt, jedoch unbeschadet der Vorschriften des Bundesgesetzes über die Nationalität der Kauffahrteischiffe und ihre Befugniß zur Führung der Bundesflagge vom 25. Oktober 1867 (B.G.Bl. S. 35) und des Bundesgesetzes über die Aufhebung der Schuldhaft vom 29. Mai 1868 (B.G.Bl. S. 237).

§. 2. Die bei oder nach der Einführung der Wechsel-Ordnung, der Nürnberger Novellen und des Handelsgesetzbuches in die einzelnen Bundesstaaten oder deren Landestheile im Wege der Landesgesetzgebung erlassenen Vorschriften bleiben als landesgesetzliche Vorschriften insoweit in Kraft, als sie nur eine Ergänzung und nicht eine Abänderung einer Bestimmung der Wechsel-Ordnung, der Nürnberger Novellen oder des Handelsgesetzbuches enthalten.

§. 3. Insbesondere bleiben folgende auf die Einführung der Wechsel-Ordnung und des Handelsgesetzbuches sich beziehende landesgesetzliche Vorschriften in Kraft:

A. in Ansehung der Wechsel-Ordnung: . . . .

B. in Ansehung des Handelsgesetzbuches:

1) die Vorschriften, nach welchen unter Landesgesetzen im Sinne des Handelsgesetzbuches nicht bloß die förmlichen Gesetze, sondern das gesammte Landesrecht zu verstehen und in Ansehung der betreffenden Vorbehalte des Handelsgesetzbuches die Erlassung maßgebender Vorschriften auf anderem Wege, als auf dem Wege der förmlichen Gesetzgebung, soweit dies nach dem Landesrecht zulässig, nicht ausgeschlossen ist;

2) die Vorschriften, welche in Ansehung der Eintragungen in das Handelsregister noch andere als die in dem Handelsgesetzbuch bestimmten Eintragungen zulassen oder gebieten;

3) die Vorschriften, welche den Prokuristen zur Ertheilung von Konsensen vor den mit der Führung der Eigenthums- und Hypothekenbücher oder der Schuld- und Pfandprotokolle beauftragten Behörden und Beamten nur für den Fall befugt erklären, daß demselben diese Befugniß besonders beigelegt ist;

4) die Vorschriften, welche bestimmen, daß die Vorschriften des Landesrechts über die rechtlichen Voraussetzungen für den Erwerb des Eigenthums an unbeweglichen Sachen durch die Bestimmungen des Handelsgesetzbuches nicht berührt werden;

5) die Vorschriften, welche die Anwendung des Artikels 295 des Handelsgesetzbuches insoweit beschränken, als sie die abweichenden Vorschriften, welche das bürgerliche Recht für die zur Eintragung in das Hypothekenbuch bestimmten Schuldurkunden enthält, in Kraft erhalten;

6) die Vorschriften, welche die Artikel 306 und 307 des Handelsgesetzbuches auf Inhaberpapiere, so lange dieselben außer Kurs gesetzt sind, für nicht anwendbar erklären;

7) die Vorschriften, welche bestimmen, daß unter Konkurs im Sinne des Handelsgesetzbuches auch das Falliment des Rheinischen Rechts und das Debitverfahren des Bremischen Rechts zu verstehen sei;

8) die Vorschriften, welche bestimmen, daß durch die Artikel 312 bis 316 des Handelsgesetzbuches die im bürgerlichen Rechte in einem weiteren Umfange begründete Zulassung des Zurückbehaltungsrechtes (Retentionsrechtes) nicht berührt werden.

§. 4. Als Landesgesetze bleiben, auch insoweit sie Abänderungen des Handelsgesetzbuches enthalten, in Geltung:

für das Großherzogthum Mecklenburg-Schwerin:

die §§. 51 und 55 der die Publikation des Handelsgesetzbuches betreffenden Verordnungen vom 28. Dezember 1863;

für die freie Hansestadt Bremen:

die am 15. Februar 1866 publizirte, die Löschung der Seeschiffe betreffende obrigkeitliche Verordnung;

für die freie und Hansestadt Hamburg:

der §. 50 des am 22. Dezember 1865 publizirten Einführungsgesetzes zum Allgemeinen Deutschen Handelsgesetzbuch.

§. 5. Die in Gemäßheit der §§. 16 und 52 der unter dem 6. Juni 1864 von dem Senate der freien Hansestadt Bremen publizirten obrigkeitlichen Verordnung, betreffend die Einführung des Allgemeinen Deutschen Handelsgesetzbuches, den Privatgläubigern eines Handelsgesellschafters in Ansehung des Vermögens einer Handelsgesellschaft zu der Zeit, zu welcher dieses Gesetz in Geltung tritt, zustehenden Pfand- und Vorzugsrechte bleiben unberührt.

§. 6. Dieses Gesetz tritt am 1. Januar 1870 in Kraft.

Urkundlich unter Unserer Höchsteigenhändigen Unterschrift und beigedrucktem Bundes-Insiegel.

Gegeben Schloß Babelsberg, den 5. Juni 1869.

(L. S.) **Wilhelm.**

Gr. v. Bismarck-Schönhausen.

II.

Artikel 80 der zwischen dem Norddeutschen Bunde und den Großherzogthümern Baden und Hessen vereinbarten Verfassung des Deutschen Bundes.

(B.G.Bl. 1870 S. 647.)

Die nachstehend genannten, im Norddeutschen Bunde ergangenen Gesetze werden zu Gesetzen des Deutschen Bundes erklärt und als solche von den nachstehend genannten Zeitpunkten an in das gesammte Bundesgebiet mit der Wirkung eingeführt, daß, wo in diesen Gesetzen von dem Norddeutschen Bunde, dessen Verfassung, Gebiet, Mitgliedern oder Staaten, Indigenat, verfassungsmäßigen Organen, Angehörigen, Beamten, Flagge u. s. w. die Rede ist, der Deutsche Bund und dessen entsprechende Beziehungen zu verstehen sind, nämlich:

I. Vom Tage der Wirksamkeit der gegenwärtigen Verfassung*) an:

. . . .

6) Das Gesetz, betreffend die vertragsmäßigen Zinsen vom 14. November 1867.

. . . .

15) das Gesetz, betreffend die Einführung der allgemeinen Wechselordnung, der Nürnberger Wechselnovellen und des Allgemeinen Deutschen Handelsgesetzbuchs als Bundesgesetze, vom 5. Juni 1869.

. . . .

17) das Gesetz, betreffend die Errichtung eines obersten Gerichtshofes für Handelssachen, vom 12. Juni 1869.

. . . .

26) das Gesetz, betreffend die Kommanditgesellschaften auf Aktien und die Aktiengesellschaften vom 11. Juni 1870.

. . . .

III.

Vertrag, betreffend den Beitritt Württembergs zur Verfassung des Deutschen Bundes. Vom 25. November 1870.

(B.G.Bl. S. 654 ff.)

Art. 1. Württemberg tritt der zwischen dem Norddeutschen Bunde, Baden und Hessen vereinbarten . . . . . . Verfassung dergestalt bei, daß alle in dieser Verfassung enthaltenen Bestimmungen, mit den im nachstehenden Artikel 2 näher bezeichneten Maßgaben auf Württemberg volle Anwendung finden.

Art. 2. Die Maßgaben, unter welchen die Verfassung des Deutschen Bundes auf Württemberg Anwendung findet, sind folgende:

. . . .

6) Zum Art. 80 der Verfassung.

Die Einführung der nachstehend genannten Gesetze des Norddeutschen Bundes als Bundesgesetze erfolgt für Württemberg, statt von den im Artikel 80 festgesetzten, von den nachstehend genannten Zeitpunkten an, nämlich:

I. vom 1. Juli 1871 an

1) des Gesetzes, betreffend die vertragsmäßigen Zinsen vom 14 November 1867;

---

*) Es ist dies der 1. Januar 1871.

2) des Gesetzes, betreffend die Errichtung eines obersten Gerichtshofes für Handelssachen, vom 12. Juni 1869.

. . . .

IV.

§. 2 des Gesetzes, betreffend die Verfassung des Deutschen Reiches. Vom 16. April 1871.

(B.G.Bl. S. 63.)

Die Bestimmungen in Artikel 80 der . . . Verfassung des Deutschen Bundes, . . . in Artikel 2, Nr. 6 des Vertrages mit Württemberg vom 25. November 1870, über die Einführung der im Norddeutschen Bunde ergangenen Gesetze in diesen Staaten bleiben in Kraft.

Die dort bezeichneten Gesetze sind Reichsgesetze. Wo in denselben von dem Norddeutschen Bunde, dessen Verfassung, Gebiet, Mitgliedern oder Staaten, Indigenat, verfassungsmäßigen Organen, Angehörigen, Beamten, Flagge u. s. w. die Rede ist, sind das Deutsche Reich und dessen entsprechende Beziehungen zu verstehen.

. . . .

V.

Gesetz, betreffend die Einführung Norddeutscher Bundesgesetze in Bayern. Vom 22. April 1871.

(B.G.Bl. S. 87.)

Wir **Wilhelm**, von Gottes Gnaden Deutscher Kaiser, König von Preußen rc. verordnen im Namen des Deutschen Reichs, nach erfolgter Zustimmung des Bundesraths und des Reichstages, was folgt:

§. 1. Die in den nachfolgenden Paragraphen aufgeführten Gesetze des Norddeutschen Bundes werden nach Maßgabe der in diesen Paragraphen enthaltenen näheren Bestimmungen als Reichsgesetze im Königreich Bayern eingeführt.

§. 2. I. Vom Tage der Wirksamkeit des gegenwärtigen Gesetzes an*) treten in Kraft:

. . . .

8) das Gesetz, betreffend die Einführung der Allgemeinen Deutschen Wechselordnung, der Nürnberger Wechselnovellen und

---

*) Es ist dies der 13. Mai 1871.

des Allgemeinen Deutschen Handelsgesetzbuches als Bundesgesetze, vom 5. Juni 1869.

. . . .

§. 5. Die Wirksamkeit des Gesetzes, betreffend die Errichtung eines obersten Gerichtshofes für Handelssachen, vom 12. Juni 1869, beginnt am 1. Juli 1871.

In den nach dem Bayrischen Prozeßrechte zu verhandelnden Sachen treten an Stelle des letzten Satzes des §. 18 dieses Gesetzes folgende Bestimmungen:

Handelt es sich um eine zur Zuständigkeit des Bundes-Oberhandelsgerichts gehörige Nichtigkeitsbeschwerde, so hat der oberste Landesgerichtshof, sobald die vorgeschriebene Hinterlegung der Akten erfolgt ist oder eine Frist hierfür nicht mehr läuft, nach Vernehmung des Staatsanwalts mittelst eines in geheimer Sitzung zu fassenden Beschlusses die Abgabe der Akten an das Bundes-Oberhandelsgericht zu verfügen. Den abzugebenden Akten ist in allen Fällen ein schriftliches Requisitorium des Staatsanwalts beizulegen.

. . . .

§. 10. Das Gesetz vom 11. Juni 1870, betreffend die Kommanditgesellschaften auf Aktien und die Aktiengesellschaften, erlangt vom Tage der Wirksamkeit des gegenwärtigen Gesetzes an mit nachstehenden Vorschriften Geltung:

Die bis zu dem bezeichneten Tage vollzogenen Eintragungen in dem von den Bayrischen Bezirksgerichten geführten besonderen Register für Aktiengesellschaften, bei welchen der Gegenstand des Unternehmens nicht in Handelsgeschäften besteht, gelten als Eintragungen im Handelsregister, und bleiben in Wirksamkeit, auch wenn die Voraussetzungen nicht vorhanden sind, welche nach dem Gesetze vom 11. Juni 1870 für die Errichtung der Gesellschaft erforderlich sein würden.

. . . .

Urkundlich 2c.

Ergänzungs-Gesetze.

I.

Bundesgesetz, betreffend die vertragsmäßigen Zinsen. Vom 14. November 1867.

(B.G.Bl. S. 159.)

(Auch gültig in Baden und Südhessen seit dem 1. Januar 1871, in Württemberg seit dem 1. Juli 1871. — Bis jetzt noch nicht eingeführt in Bayern.)

Wir **Wilhelm**, von Gottes Gnaden König von Preußen ꝛc. verordnen im Namen des Norddeutschen Bundes nach erfolgter Zustimmung des Bundesrathes und des Reichstages, was folgt:

§. 1. Die Höhe der Zinsen, sowie die Höhe und die Art der Vergütung für Darlehne und für andere kreditirte Forderungen, ferner Konventionalstrafen, welche für die unterlassene Zahlung eines Darlehns oder einer sonst kreditirten Forderung zu leisten sind, unterliegen der freien Vereinbarung.

Die entgegenstehenden privatrechtlichen und strafrechtlichen Bestimmungen werden aufgehoben.

§. 2. Derjenige, welcher für eine Schuld dem Gläubiger einen höheren Zinssatz als jährlich sechs vom Hundert gewährt oder zusagt, ist zu einer halbjährigen Kündigung des Vertrages befugt. Jedoch kann er von dieser Befugniß nicht unmittelbar bei Eingehung des Vertrages, sondern erst nach Ablauf eines halben Jahres Gebrauch machen.

Vertragsbestimmungen, durch welche diese Vorschrift zum Nachtheil des Schuldners beschränkt oder aufgehoben wird, sind ungültig.

Auf Schuldverschreibungen, welche unter den gesetzlichen Voraussetzungen auf jeden Inhaber gestellt werden, sowie auf Darlehne, welche ein Kaufmann empfängt, und auf Schulden eines Kaufmanns aus seinen Handelsgeschäften leiden die in diesem Paragraphen enthaltenen Vorschriften keine Anwendung.

§. 3. Wird die Zahlung eines Darlehns oder einer anderen kreditirten Forderung verzögert, so bleibt auch für die Zögerung der bedungene Zinssatz maßgebend, sofern derselbe höher ist, als die gesetzlich bestimmten Zögerungszinsen.

§. 4. Die privatrechtlichen Bestimmungen in Betreff der Zinsen von Zinsen und die Vorschriften für die gewerblichen Pfandleih-Anstalten werden durch dieses Gesetz nicht geändert.

§. 5. Den Landesgesetzen bleibt vorbehalten, zu bestimmen, daß die im §. 2 dieses Gesetzes eingeräumte Kündigungsbefugniß des Schuldners gänzlich wegfalle, oder daß ein höherer Zinssatz, als sechs Prozent, oder eine längere Kündigungsfrist, als sechs Monate, für die bezeichnete Befugniß maßgebend sei.

So weit einzelne Landesgesetze Bestimmungen enthalten, welche die erwähnte Kündigungsbefugniß des Schuldners ausschließen, oder in der bezeichneten Weise beschränken, bleiben dieselben in Gültigkeit, bis sie auf dem verfassungsmäßigen Wege des betreffenden Landes, oder durch ein Bundesgesetz abgeändert werden.

Urkundlich 2c.

II.

Bundesgesetz, betreffend die Kommanditgesellschaften auf Aktien und die Aktiengesellschaften. Vom 11. Juni 1870.

(B.G.Bl. S. 375 — 386.)

(Auch gültig in Baden, Südhessen und Württemberg seit dem 1. Januar 1871; in Bayern seit dem 13. Mai 1871 mit der im §. 10 des Gesetzes vom 22. April 1871 enthaltenen Vorschrift.)

Wir **Wilhelm**, von Gottes Gnaden König von Preußen 2c. verordnen im Namen des Norddeutschen Bundes, nach erfolgter Zustimmung des Bundesrathes und des Reichstages, was folgt:

§. 1. Die Artikel 5. 173 bis 176. 178. 198. 199. 203. 206 bis 212. 214. 215. 217. 222. 225. 239. 240. 242. und 247 bis 249 des Allgemeinen Deutschen Handelsgesetzbuches werden durch nachstehende, den bisherigen Zifferzahlen entsprechende Artikel ersetzt.

Art. 5.

Die in Betreff der Kaufleute gegebenen Bestimmungen gelten

Inhalt.

Einführungs-Gesetze.

Seite

I. Bundesgesetz, betr. die Einführung der Allgemeinen Deutschen Wechsel-Ordnung, der Nürnberger Wechselnovellen und des Allgemeinen Deutschen Handelsgesetzbuches als Bundesgesetze. Vom 5. Juni 1869 1

II. Art. 80 der zwischen dem Norddeutschen Bunde und den Großherzogthümern Baden und Hessen vereinbarten Verfassung des Deutschen Bundes 3

III. Vertrag, betreffend den Beitritt Württembergs zur Verfassung des Deutschen Bundes. Vom 25. November 1870 4

IV. §. 2 des Gesetzes, betreffend die Verfassung des Deutschen Reichs. Vom 16. April 1871 5

V. Gesetz, betr. die Einführung Norddeutscher Bundesgesetze in Bayern. Vom 22. April 1871 5

Ergänzungs-Gesetze.

I. Bundesgesetz, betreffend die vertragsmäßigen Zinsen. Vom 14. November 1867 7

II. Bundesgesetz, betreffend die Kommanditgesellschaften auf Aktien und die Aktiengesellschaften. Vom 11. Juni 1870 8

III. Bundesgesetz, betr. die Errichtung eines obersten Gerichtshofes für Handelssachen. Vom 12. Juni 1869 23

IV. Reichsgesetz, betreffend die Verbindlichkeit zum Schadenersatz für die bei dem Betriebe von Eisenbahnen, Bergwerken rc. herbeigeführten Tödtungen und Körperverletzungen. Vom 7. Juni 1871 33

V. Reichsgesetz, betreffend die Inhaberpapiere mit Prämien. Vom 8. Juni 1871 36

in gleicher Weise in Betreff der Handelsgesellschaften, insbesondere auch der Kommanditgesellschaften auf Aktien und der Aktiengesellschaften.

Dieselben gelten auch in Betreff der öffentlichen Banken in den Grenzen ihres Handelsbetriebes, unbeschadet der für sie bestehenden Verordnungen.

Art. 173.

Das Kapital der Kommanditisten kann in Aktien oder Aktienantheile zerlegt werden.

Die Aktien oder Aktienantheile müssen auf Namen lauten. Sie müssen auf einen Betrag von mindestens fünfzig Vereinsthalern gestellt werden, wenn nicht die Landesgesetze nach Maßgabe der besonderen örtlichen Bedürfnisse einen geringeren Betrag gestatten. Aktien oder Aktienantheile, welche auf Inhaber lauten, oder welche auf einen geringeren als den gesetzlich bestimmten Betrag gestellt werden, sind nichtig. Die Ausgeber solcher Aktien oder Aktienantheile sind den Besitzern für allen durch die Ausgabe verursachten Schaden solidarisch verhaftet.

Die vorstehenden Bestimmungen gelten auch von Promessen und Interimsscheinen.

Art. 174.

Eine Kommanditgesellschaft auf Aktien gilt als Handelsgesellschaft, auch wenn der Gegenstand des Unternehmens nicht in Handelsgeschäften besteht.

Ueber die Errichtung und den Inhalt des Gesellschaftsvertrages muß eine gerichtliche oder notarielle Urkunde aufgenommen werden. Zur Aktienzeichnung genügt eine schriftliche Erklärung.

Art. 175.

Der Gesellschaftsvertrag*) muß enthalten:

1) den Namen, Vornamen, Stand und Wohnort jedes persönlich haftenden Gesellschafters;
2) die Firma der Gesellschaft und den Ort, wo sie ihren Sitz hat;
3) den Gegenstand des Unternehmens;
4) die Zeitdauer des Unternehmens, im Fall dasselbe auf eine bestimmte Zeit beschränkt sein soll;
5) die Zahl und den Betrag der Aktien oder Aktienantheile;
6) die Bestimmung, daß ein Aufsichtsrath von mindestens drei Mitgliedern aus der Zahl der Kommanditisten durch Wahl derselben bestellt werden müsse;

*) Hier sind die Worte „dessen Genehmigung erfolgen soll" weggefallen.

7) die Form, in welcher die Zusammenberufung der Generalversammlung der Kommanditisten geschieht;
8) die Form, in welcher die von der Gesellschaft ausgehenden Bekanntmachungen erfolgen, sowie die öffentlichen Blätter, in welche dieselben aufzunehmen sind.

Art. 176.

Der Gesellschaftsvertrag muß bei dem Handelsgericht, in dessen Bezirk die Gesellschaft ihren Sitz hat, in das Handelsregister eingetragen und im Auszuge veröffentlicht werden.

Der Auszug muß enthalten:
1) das Datum des Gesellschaftsvertrages;
2) den Namen, Vornamen, Stand und Wohnort jedes persönlich haftenden Gesellschafters;
3) die Firma der Gesellschaft und den Ort, wo sie ihren Sitz hat;
4) die Zahl und den Betrag der Aktien und Aktienantheile;
5) die Form, in welcher die von der Gesellschaft ausgehenden Bekanntmachungen erfolgen, sowie die öffentlichen Blätter, in welche dieselben aufzunehmen sind.

Ist im Gesellschaftsvertrage bestimmt, daß das Austreten eines oder mehrerer persönlich haftender Gesellschafter die Auflösung der Gesellschaft nicht zur Folge habe (Art. 199), so ist auch diese Bestimmung zu veröffentlichen.

Art. 178.

Vor erfolgter Eintragung in das Handelsregister besteht die Kommanditgesellschaft als solche nicht. Die vor der Eintragung ausgegebenen Aktien oder Aktienantheile sind nichtig. Die Ausgeber sind den Besitzern für allen durch die Ausgabe verursachten Schaden solidarisch verhaftet.

Wenn vor erfolgter Eintragung im Namen der Gesellschaft gehandelt worden ist, so haften die Handelnden persönlich und solidarisch.

Art. 198.

Jede Abänderung des Gesellschaftsvertrages bedarf zu ihrer Gültigkeit der notariellen oder gerichtlichen Abfassung.

Der abändernde Vertrag muß in gleicher Weise wie der ursprüngliche Vertrag in das Handelsregister eingetragen und im Auszuge veröffentlicht werden (Artikel 176. 179).

Der abändernde Vertrag hat keine rechtliche Wirkung, bevor

derselbe bei dem Handelsgericht, in dessen Bezirk die Gesellschaft ihren Sitz hat, in das Handelsregister eingetragen ist.

Art. 199.

Eine Uebereinkunft, durch welche das Austreten eines oder mehrerer persönlich haftender Gesellschafter bestimmt wird, steht der Auflösung der Gesellschaft gleich. Zu derselben bedarf es der Zustimmung einer Generalversammlung der Kommanditisten.

Es kann jedoch durch den Gesellschaftsvertrag oder durch einen denselben abändernden Vertrag (Art. 198) bestimmt werden, daß das Austreten eines oder mehrerer persönlich haftender Gesellschafter die Auflösung der Gesellschaft dann nicht zur Folge habe, wenn mindestens noch ein persönlich haftender Gesellschafter bleibt. In Ansehung der Eintragung in das Handelsregister finden die Bestimmungen des Artikel 129 Anwendung.

Art. 203.

Eine theilweise Zurückzahlung des Kapitals der Kommanditisten kann nur vermöge einer*) Abänderung des Gesellschaftsvertrages erfolgen.

Die Zurückzahlung kann nur unter Beobachtung derselben Bestimmungen geschehen, welche für die Vertheilung des Gesellschaftsvermögens im Falle der Auflösung maßgebend sind (Artt. 201. 202).

Art. 206.

Die persönlich haftenden Mitglieder und die Mitglieder des Aufsichtsrathes werden mit Gefängniß bis zu drei Monaten bestraft:

1) wenn sie vorsätzlich Behufs der Eintragung des Gesellschaftsvertrages in das Handelsregister falsche Angaben über die Zeichnung oder Einzahlung des Kapitals der Kommanditisten machen;
2) wenn durch ihre Schuld länger als drei Monate die Gesellschaft ohne Aufsichtsrath geblieben ist, oder in dem letzteren die zur Beschlußfähigkeit erforderliche Zahl von Mitgliedern gefehlt hat;
3) wenn sie in ihren Darstellungen, in ihren Uebersichten über den Vermögensstand der Gesellschaft

---

*) Früherer Text: „staatlich genehmigten".

oder in den in der Generalversammlung gehaltenen Vorträgen wissentlich den Stand der Verhältnisse der Gesellschaft unwahr darstellen oder verschleiern.

Wird in den Fällen zu 2 und 3 festgestellt, daß mildernde Umstände vorhanden sind, so ist auf Geldstrafe bis zu Eintausend Thalern zu erkennen.

Art. 207.

Eine Gesellschaft ist eine Aktiengesellschaft, wenn sich die sämmtlichen Gesellschafter nur mit Einlagen betheiligen, ohne persönlich für die Verbindlichkeiten der Gesellschaft zu haften.

Das Gesellschaftskapital wird in Aktien oder auch in Aktienantheile zerlegt.

Die Aktien oder Aktienantheile sind untheilbar.

Dieselben können auf Inhaber oder auf Namen lauten.

Art. 207[a].

Die Aktien oder Aktienantheile müssen, wenn sie auf Namen lauten, auf einen Betrag von mindestens funfzig Vereinsthalern, wenn sie auf Inhaber lauten, auf einen Betrag von mindestens Einhundert Vereinsthalern gestellt werden. Bei Versicherungsgesellschaften müssen auch solche Aktien oder Aktienantheile, welche auf Namen lauten, auf einen Betrag von mindestens Einhundert Vereinsthalern gestellt werden.

Aktien oder Aktienantheile, welche auf einen geringeren Betrag gestellt werden, sind nichtig. Die Ausgeber solcher Aktien oder Aktienantheile sind den Besitzern für allen durch die Ausgabe verursachten Schaden solidarisch verhaftet.

Der Nominalbetrag der Aktien oder Aktienantheile darf während des Bestehens der Gesellschaft weder vermindert noch erhöht werden.

Die vorstehenden Bestimmungen gelten auch von Promessen und Interimsscheinen.

Art. 208.

Eine Aktiengesellschaft gilt als Handelsgesellschaft, auch wenn der Gegenstand des Unternehmens nicht in Handelsgeschäften besteht.

Ueber die Errichtung und den Inhalt des Gesellschaftsvertrages

(Statuts) muß eine gerichtliche oder notarielle Urkunde aufgenommen werden.

Zur Aktienzeichnung genügt eine schriftliche Erklärung.

Art. 209.

Der Gesellschaftsvertrag muß insbesondere bestimmen:

1) die Firma und den Sitz der Gesellschaft;
2) den Gegenstand des Unternehmens;
3) die Zeitdauer des Unternehmens, im Falle dasselbe auf eine bestimmte Zeit beschränkt sein soll;
4) die Höhe des Grundkapitals und der einzelnen Aktien oder Aktienantheile;
5) die Eigenschaft der Aktien, ob sie auf Inhaber oder auf Namen gestellt werden sollen, ingleichen die etwa bestimmte Zahl der einen oder der anderen Art, sowie die etwa zugelassene Umwandlung derselben;
6) die Bestellung eines Aufsichtsrathes von mindestens drei, aus der Zahl der Aktionäre zu wählenden Mitgliedern;
7) die Grundsätze, nach welchen die Bilanz aufzunehmen und der Gewinn zu berechnen und auszuzahlen ist, sowie die Art und Weise, wie die Prüfung der Bilanz erfolgt;
8) die Art der Bestellung und Zusammensetzung des Vorstandes und die Formen für die Legitimation der Mitglieder desselben und der Beamten der Gesellschaft;
9) die Form, in welcher die Zusammenberufung der Aktionäre geschieht;
10) die Bedingungen des Stimmrechts der Aktionäre und die Form, in welcher dasselbe ausgeübt wird;
11) die Gegenstände, über welche nicht schon durch einfache Stimmenmehrheit der auf Zusammenberufung erschienenen Aktionäre, sondern nur durch eine größere Stimmenmehrheit oder nach anderen Erfordernissen Beschluß gefaßt werden kann;
12) die Form, in welcher die von der Gesellschaft ausgehenden Bekanntmachungen erfolgen, sowie die öffentlichen Blätter, in welche dieselben aufzunehmen sind.

Art. 209[a].

Nach der Zeichnung des Grundkapitals hat eine Generalversammlung der Aktionäre auf Grund der ihr vorzulegenden Bescheinigungen durch Beschluß festzustellen, daß das Grundkapital vollständig gezeichnet, und daß mindestens zehn Prozent, bei Versicherungsgesellschaften mindestens zwanzig Prozent, auf jede Aktie eingezahlt sind, sofern nicht der Gesellschaftsvertrag zwischen den sämmtlichen Aktionären abgeschlossen und darin die Erfüllung jener Erfordernisse anerkannt ist.

Ueber den Beschluß ist eine gerichtliche oder notarielle Urkunde aufzunehmen.

Art. 209[b].

Wenn ein Aktionär eine auf das Grundkapital anzurechnende Einlage macht, welche nicht in baarem Gelde besteht, oder wenn Anlagen oder sonstige Vermögensstücke von der zu errichtenden Gesellschaft übernommen werden sollen, so ist in dem Gesellschaftsvertrage der Werth der Einlage oder des Vermögensstücks festzusetzen und die Zahl der Aktien oder der Preis zu bestimmen, welche für dieselben gewährt werden. Jeder zu Gunsten eines Aktionärs bedungene besondere Vortheil ist im Gesellschaftsvertrage gleichfalls festzusetzen.

Nach der Zeichnung des Grundkapitals muß in den Fällen, welche in dem vorstehenden Absatz bezeichnet sind, sofern nicht der Gesellschaftsvertrag zwischen den sämmtlichen Aktionären abgeschlossen ist, die Genehmigung des Vertrages in einer Generalversammlung der Aktionäre durch Beschluß erfolgen.

Die den Vertrag genehmigende Mehrheit muß mindestens ein Viertheil der sämmtlichen Aktionäre begreifen und der Betrag ihrer Antheile mindestens ein Viertheil des gesammten Grundkapitals darstellen. Der Gesellschafter, welcher die betreffende Einlage macht oder sich besondere Vortheile ausbedingt, hat bei der Beschlußfassung kein Stimmrecht.

Ueber den Beschluß ist eine gerichtliche oder notarielle Urkunde aufzunehmen.

Art. 209[c].

Die Zusammenberufung der Generalversammlung erfolgt in den Fällen der Artikel 209[a] und 209[b] nach den Bestimmungen, welche der Gesellschaftsvertrag über die Zusammenberufung der Generalversammlung enthält.

Art. 210.

Der Gesellschaftsvertrag muß bei dem Handelsgericht, in dessen Bezirk die Gesellschaft ihren Sitz hat, in das Handelsregister eingetragen und im Auszuge veröffentlicht werden.

Der Auszug muß enthalten:

1) das Datum des Gesellschaftsvertrages;
2) die Firma und den Sitz der Gesellschaft;
3) den Gegenstand und die Zeitdauer des Unternehmens;
4) die Höhe des Grundkapitals und der einzelnen Aktien oder Aktienantheile;
5) die Eigenschaft derselben, ob sie auf Inhaber oder auf Namen gestellt sind;
6) die Form, in welcher die von der Gesellschaft ausgehenden Bekanntmachungen erfolgen, sowie die öffentlichen Blätter, in welche dieselben aufzunehmen sind.

Ist im Gesellschaftsvertrage eine Form bestimmt, in welcher der Vorstand seine Willenserklärungen kundgibt und für die Gesellschaft zeichnet, so ist auch diese Bestimmung zu veröffentlichen.

Art. 210[a].

Der Anmeldung Behufs der Eintragung in das Handelsregister muß beigefügt sein:

1) die Bescheinigung, daß der gesammte Betrag des Grundkapitals durch Unterschriften gedeckt ist;
2) die Bescheinigung, daß mindestens zehn Prozent, bei Versicherungsgesellschaften mindestens zwanzig Prozent, des von jedem Aktionär gezeichneten Betrages eingezahlt sind;
3) der Nachweis, daß der Aufsichtsrath nach Inhalt des Vertrages in einer Generalversammlung der Aktionäre gewählt ist;
4) betreffenden Falls die gerichtliche oder notarielle Urkunde über die in den Artikeln 209[a] und 209[b] bezeichneten Beschlüsse der Generalversammlung.

Die Anmeldung muß von sämmtlichen Mitgliedern des Vorstandes vor dem Handelsgericht unterzeichnet oder in beglaubigter Form eingereicht werden. Die der Anmeldung beigefügten Schriftstücke werden bei dem Handelsgericht in Urschrift oder in beglaubigter Abschrift aufbewahrt.

Art. 211.

Vor erfolgter Eintragung in das Handelsregister besteht die Aktiengesellschaft als solche nicht. Die vor der Eintragung ausgegebenen Aktien oder Aktienantheile sind nichtig. Die Ausgeber sind den Besitzern für allen durch die Ausgabe verursachten Schaden solidarisch verhaftet.

Wenn vor erfolgter Eintragung in das Handelsregister im Namen der Gesellschaft gehandelt worden ist, so haften die Handelnden persönlich und solidarisch.

Art. 212.

Bei jedem Handelsgerichte, in dessen Bezirk die Aktiengesellschaft eine Zweigniederlassung hat, muß dies Behufs der Eintragung in das Handelsregister angemeldet werden.

Die Anmeldung muß von sämmtlichen Mitgliedern des Vorstandes vor dem Handelsgericht unterzeichnet oder in beglaubigter Form eingereicht werden und die in Artikel 210, Absatz 2 und 3 bezeichneten Angaben enthalten. Das Handelsgericht hat die Mitglieder des Vorstandes zur Befolgung dieser Vorschriften von Amtswegen durch Ordnungsstrafen anzuhalten.

Art. 214.

Jeder Beschluß der Generalversammlung, welcher die Fortsetzung der Gesellschaft oder eine Abänderung der Bestimmungen des Gesellschaftsvertrages zum Gegenstande hat, bedarf zu seiner Gültigkeit der notariellen oder gerichtlichen Beurkundung.

Ein solcher Beschluß muß in gleicher Weise wie der ursprüngliche Vertrag in das Handelsregister eingetragen und veröffentlicht werden. (Artikel 210. 212.)

Der Beschluß hat keine rechtliche Wirkung, bevor derselbe bei dem Handelsgerichte, in dessen Bezirk die Gesellschaft ihren Sitz hat, in das Handelsregister eingetragen ist.

Art. 215.

Die Abänderung des Gegenstandes der Unternehmung der Gesellschaft kann nicht durch Stimmenmehrheit beschlossen werden, sofern dies nicht im Gesellschaftsvertrage ausdrücklich gestattet ist.

Dasselbe gilt von dem Falle, wenn die Gesellschaft durch Uebertragung ihres Vermögens und ihrer Schulden an eine andere Aktiengesellschaft gegen Gewährung von Aktien der letzteren aufgelöst werden soll.

Die Aktiengesellschaft darf eigene Aktien nicht erwerben. Sie darf eigene Aktien auch nicht amortisiren, sofern dies nicht durch den ursprünglichen Gesellschaftsvertrag oder durch einen, den letzteren abändernden, vor Ausgabe der Aktien gefaßten Beschluß zugelassen ist.

Art. 217.

Zinsen von bestimmter Höhe dürfen für die Aktionäre nicht bedungen, noch ausbezahlt werden; es darf nur dasjenige unter sie vertheilt werden, was sich nach der jährlichen Bilanz und, wenn im Gesellschaftsvertrage die Innehaltung eines Reservekapitals bestimmt ist, nach Abzug desselben als reiner Ueberschuß über die volle Einlage ergibt. Die Aktionäre können bis zur Wiederergänzung des durch Verlust verminderten Gesammtbetrages der Einlagen Dividenden nicht beziehen.

Jedoch können für den in dem Gesellschaftsvertrage angegebenen Zeitraum, welchen die Vorbereitung des Unternehmens bis zum Anfange des vollen Betriebes erfordert, den Aktionären Zinsen von bestimmter Höhe bedungen werden.

Art. 222.

Wenn die Aktien oder Aktienantheile auf Inhaber gestellt werden, so kommen folgende Grundsätze zur Anwendung:

1) die Ausgabe der Aktien darf vor Einzahlung des ganzen Nominalbetrages derselben nicht erfolgen; ebensowenig dürfen über die geleisteten Partialzahlungen Promessen oder Interimsscheine, welche auf Inhaber lauten, ausgestellt werden;
2) der Zeichner der Aktie ist für die Einzahlung von vierzig Prozent des Nominalbetrages der Aktie unbedingt verhaftet; von dieser Verpflichtung kann derselbe weder durch Uebertragung seines Anrechts auf einen Dritten sich befreien, noch Seitens der Gesellschaft entbunden werden; wird der Zeichner der Aktie, wegen verzögerter Einzahlung, seines Anrechts aus der Zeichnung verlustig erklärt (Artikel 220), so bleibt er dessen ungeachtet zur Einzahlung von vierzig Prozent des Nominalbetrages der Aktie verpflichtet.
3) Im Gesellschaftsvertrage kann bestimmt werden, daß und unter welchen Maßgaben nach erfolgter Einzahlung von vierzig Prozent die Befreiung des Zeichners von der Haftung für weitere Einzahlungen zulässig sei, und daß im Falle der eingetretenen Befreiung über die geleisteten Einzahlungen Promessen

oder Interimsscheine, welche auf Inhaber lauten, ausgestellt werden dürfen.

Diejenigen Landesgesetze, welche die Höhe der Einzahlung (Art. 222, Ziff. 2 u. 3) auf 25 Prozent des Nominalbetrages der Aktie herabgesetzt haben, werden hierdurch nicht berührt.

Art. 225.

Die für den Aufsichtsrath einer Kommanditgesellschaft auf Aktien in den Artikeln 191 und 192 gegebenen Bestimmungen finden auch auf den Aufsichtsrath einer Aktiengesellschaft Anwendung.

Art. 225[a].

Der Aufsichtsrath überwacht die Geschäftsführung der Gesellschaft in allen Zweigen der Verwaltung; er kann sich von dem Gange der Angelegenheiten der Gesellschaft unterrichten, die Bücher und Schriften derselben jederzeit einsehen und den Bestand der Gesellschaftskasse untersuchen.

Er hat die Jahresrechnungen, die Bilanzen und die Vorschläge zur Gewinnvertheilung zu prüfen und darüber alljährlich der Generalversammlung der Aktionäre Bericht zu erstatten.

Er hat eine Generalversammlung zu berufen, wenn dies im Interesse der Gesellschaft erforderlich ist.

Art. 225[b].

Die Mitglieder des Aufsichtsraths sind persönlich und solidarisch zum Schadenersatz verpflichtet, wenn mit ihrem Wissen und ohne ihr Einschreiten:

1) Einlagen an die Aktionäre zurückgezahlt, oder, der Bestimmung des Artikels 215, Absatz 3 entgegen, eigene Aktien der Gesellschaft erworben oder amortisirt worden sind;
2) Zinsen oder Dividenden gezahlt sind, welche nach Maßgabe der Bestimmungen des Artikels 217 nicht gezahlt werden durften;
3) die Vertheilung des Gesellschaftsvermögens oder eine theilweise Zurückzahlung oder eine Herabsetzung des Grundkapitals ohne Beobachtung der gesetzlichen Bestimmung (Artikel 245 und 248) erfolgt ist.

Art. 239.

Der Vorstand ist verpflichtet, Sorge zu tragen, daß die erforderlichen Bücher der Gesellschaft geführt werden. Er muß den Aktionären spätestens in den ersten sechs Monaten jedes Geschäftsjahres eine Bilanz des verflossenen Geschäftsjahres vorlegen und solche innerhalb dieser Frist in der Form und in den öffentlichen Blättern, welche für die Bekanntmachungen der Gesellschaft in dem Gesellschaftsvertrage bestimmt sind, veröffentlichen.

Zur Entlastung des Vorstandes bei Legung der Rechnung können Personen nicht bestellt werden, welche auf irgend eine Weise an der Geschäftsführung Theil nehmen.

Dieses Verbot bezieht sich nicht auf die Personen, welchen die Aufsicht über die Geschäftsführung zusteht.

Art. 239[a].

Für die Aufstellung der Bilanz sind folgende Vorschriften maßgebend:

1) kurshabende Papiere dürfen höchstens zu dem Kurswerthe, welchen dieselben zur Zeit der Bilanzaufstellung haben, angesetzt werden;
2) die Kosten der Organisation und Verwaltung dürfen nicht unter die Aktiva aufgeführt werden, müssen vielmehr ihrem vollen Betrage nach in der Jahresrechnung als Ausgabe erscheinen;
3) der Betrag des Grundkapitals und des etwa im Gesellschaftsvertrage vorgeschriebenen Reserve- oder Erneuerungsfonds ist unter die Passiva aufzunehmen;
4) der aus der Vergleichung sämmtlicher Aktiva und sämmtlicher Passiva sich ergebende Gewinn oder Verlust muß am Schlusse der Bilanz besonders angegeben werden.

Art. 240.

Ergibt sich aus der letzten Bilanz, daß sich das Grundkapital um die Hälfte vermindert hat, so muß der Vorstand unverzüglich eine Generalversammlung berufen und dieser davon Anzeige machen.

Ergibt sich, daß das Vermögen der Gesellschaft nicht mehr die Schulden deckt, so muß der Vorstand hiervon dem Gericht Behufs der Eröffnung des Konkurses Anzeige machen.

Art. 242.

Die Aktiengesellschaft wird aufgelöst:

1) durch Ablauf der im Gesellschaftsvertrage bestimmten Zeit;

2) durch einen notariellen oder gerichtlich beurkundeten Beschluß der Aktionäre;

3) durch Eröffnung des Konkurses *).

Wenn die Auflösung einer Aktiengesellschaft aus anderen Gründen erfolgt, so finden die Bestimmungen dieses Abschnittes ebenfalls Anwendung.

Art. 247.

Bei der Auflösung einer Aktiengesellschaft durch Vereinigung derselben mit einer anderen Aktiengesellschaft (Artikel 215) kommen folgende Bestimmungen zur Anwendung:

1) Das Vermögen der aufzulösenden Gesellschaft ist so lange getrennt zu verwalten, bis die Befriedigung oder Sicherstellung ihrer Gläubiger erfolgt ist.

2) Der bisherige Gerichtsstand der Gesellschaft bleibt für die Dauer der getrennten Vermögensverwaltung bestehen; dagegen wird die Verwaltung von der anderen Gesellschaft geführt.

3) Der Vorstand der letzteren Gesellschaft ist den Gläubigern für die Ausführung der getrennten Verwaltung persönlich und solidarisch verantwortlich.

4) Die Auflösung der Gesellschaft ist zur Eintragung in das Handelsregister bei Ordnungsstrafe anzumelden.

5) Die öffentliche Aufforderung der Gläubiger der aufgelösten Gesellschaft (Artikel 243) kann unterlassen oder auf einen späteren Zeitpunkt verschoben werden. Jedoch ist die Vereinigung der Vermögen der beiden Gesellschaften erst in dem Zeitpunkte zulässig, in welchem eine Vertheilung des Vermögens einer aufgelösten Aktiengesellschaft unter die Aktionäre erfolgen darf. (Artikel 245.)

Art. 248.

Eine theilweise Zurückzahlung des Grundkapitals an die Aktionäre oder eine Herabsetzung desselben kann nur auf Beschluß der Generalversammlung erfolgen.

Die Zurückzahlung oder Herabsetzung kann nur unter Beobachtung derselben Bestimmungen erfolgen, welche für die Vertheilung des Gesellschaftsvermögens im Falle der Auflösung maßgebend sind (Artikel 243. 245).

Die Mitglieder des Vorstandes, welche dieser Vorschrift ent-

*) Die Worte: „oder die Zurücknahme der staatlichen Genehmigung nach dem in den einzelnen Staaten geltenden Recht" sind hiernach in Wegfall gekommen.

gen handeln, sind den Gläubigern der Gesellschaft persönlich und solidarisch verhaftet.

Schlußbestimmungen.

Art. 249.

Die Mitglieder des Aufsichtsrathes und des Vorstandes werden mit Gefängniß bis zu drei Monaten bestraft:

1) wenn sie vorsätzlich Behufs der Eintragung des Gesellschaftsvertrages in das Handelsregister falsche Angaben über die Zeichnung oder Einzahlung des Grundkapitals machen;
2) wenn durch ihre Schuld länger als drei Monate die Gesellschaft ohne Aufsichtsrath geblieben ist, oder in dem letzteren die zur Beschlußfähigkeit erforderliche Zahl von Mitgliedern gefehlt hat;
3) wenn sie in ihren Darstellungen, in ihren Uebersichten über den Vermögensstand der Gesellschaft oder in den in der Generalversammlung gehaltenen Vorträgen wissentlich den Stand der Verhältnisse der Gesellschaft unwahr darstellen oder verschleiern.

Wird in den Fällen zu 2 und 3 festgestellt, daß mildernde Umstände vorhanden sind, so ist auf Geldstrafe bis zu Eintausend Thalern zu erkennen.

Art. 249ª.

Die Mitglieder des Vorstandes werden mit Gefängniß bis zu drei Monaten bestraft, wenn sie der Vorschrift des Artikels 240 zuwider dem Gerichte die Anzeige zu machen unterlassen, daß das Vermögen der Gesellschaft nicht mehr die Schulden deckt.

Die Strafe tritt nicht ein, wenn von ihnen nachgewiesen wird, daß die Anzeige ohne ihr Verschulden unterblieben ist.

§. 2. Die Landesgesetze, welche zur Errichtung von Kommanditgesellschaften auf Aktien oder Aktiengesellschaften die staatliche Genehmigung vorschreiben oder eine staatliche Beaufsichtigung dieser Gesellschaft anordnen, werden aufgehoben.

Auch treten für die bereits bestehenden Kommanditgesellschaften auf Aktien und Aktiengesellschaften diejenigen Bestimmungen der Gesellschaftsverträge außer Kraft, welche die staatliche Genehmigung und Beaufsichtigung betreffen.

§. 3. Die landesgesetzlichen Vorschriften, nach welchen der Gegenstand des Unternehmens der staatlichen Genehmigung bedarf, und das Unternehmen der staatlichen Beaufsichtigung unterliegt, werden durch den §. 2 nicht berührt. Dasselbe gilt für die bereits bestehenden Kommanditgesellschaften auf Aktien und Aktiengesellschaften von denjenigen Bestimmungen der Gesellschaftsverträge, welche sich auf die staatliche Genehmigung und Beaufsichtigung wegen des Gegenstandes des Unternehmens beziehen oder in Verbindung mit besonderen der Gesellschaft bewilligten Privilegien stehen.

§. 4. Für diejenigen bereits bestehenden Kommanditgesellschaften auf Aktien und Aktiengesellschaften, welche nach den bisherigen Vorschriften in das Handelsregister nicht einzutragen waren, gelten folgende Uebergangsbestimmungen:

1) Auf die bezeichneten Gesellschaften finden die Vorschriften des Allgemeinen Deutschen Handelsgesetzbuches, welche die Eintragung in das Handelsregister und die bei dem Handelsgericht zu bewirkende Zeichnung der Firmen und Unterschriften oder die Einreichung der Zeichnungen betreffen, gleichfalls Anwendung.

   Die Anmeldungen zur Eintragung in das Handelsregister und die Zeichnung der Firmen und Unterschriften oder die Einreichung der Zeichnungen sind binnen drei Monaten, von dem Tage an gerechnet, an welchem dieses Gesetz in Geltung tritt, zu bewirken. Nach Ablauf dieser Frist sind die Betheiligten zur Befolgung der betreffenden Vorschriften durch Ordnungsstrafen anzuhalten.

2) Ist die Anmeldung einer Gesellschaft zur Eintragung in das Handelsregister binnen der dreimonatlichen Frist bewirkt, so bleibt die Anwendung der Bestimmungen der Artikel 17, 18, 20, 21, Absatz 2, 168 des Allgemeinen Deutschen Handelsgesetzbuchs ausgeschlossen.

3) Eine gültig errichtete Gesellschaft ist in das Handelsregister einzutragen, auch wenn die Voraussetzungen nicht vorhanden sind, welche nach diesem Gesetze für die Errichtung der Gesellschaft erforderlich sein würden.

4) Sind die persönlich haftenden Gesellschafter einer Kommanditgesellschaft auf Aktien, oder ist der Vorstand einer Aktiengesell-

schaft in der Befugniß, die Gesellschaft zu vertreten, beschränkt, so finden die Bestimmungen des Artikels 116 und des Artikels 231 des Allgemeinen Deutschen Handelsgesetzbuches bis zum Ablauf von drei Monaten, von dem Tage an gerechnet, an welchem dieses Gesetz in Geltung tritt, keine Anwendung. Auch bleibt die Anwendung dieser Vorschriften noch während eines Zeitraumes von fünf Jahren, von jenem Tage an gerechnet, ausgeschlossen, wenn die Beschränkung innerhalb der unter Ziffer 1 bezeichneten dreimonatlichen Frist zur Eintragung in das Handelsregister angemeldet ist.

§. 5. Die Bestimmungen des Artikels 199 des Allgemeinen Deutschen Handelsgesetzbuches nach der durch dieses Gesetz festgesetzten neuen Fassung finden auch auf diejenigen zur Zeit der Geltung des Artikels 199 in der früheren Fassung errichteten Kommanditgesellschaften auf Aktien Anwendung, bei welchen in dem Gesellschaftsvertrage oder in einem denselben abändernden Vertrage bestimmt ist, daß das Austreten eines oder mehrerer persönlich haftender Gesellschafter die Auflösung der Gesellschaft nicht zur Folge habe.

Urkundlich unter Unserer Höchsteigenhändigen Unterschrift und beigedrucktem Bundes-Insiegel.

Gegeben ꝛc.

III.

Bundesgesetz, betreffend die Errichtung eines obersten Gerichtshofes für Handelssachen. Vom 12. Juni 1869.

(B.G.Bl. S. 201—210.)

(Auch gültig in Baden und Südhessen seit dem 1. Januar 1871, in Württemberg und Bayern [mit einer Abänderung vergl. §. 5 des Gesetzes vom 29. April 1871] seit dem 1. Juli 1871.)

Wir **Wilhelm**, von Gottes Gnaden König von Preußen ꝛc. verordnen im Namen des Norddeutschen Bundes, nach erfolgter Zustimmung des Bundesraths und des Reichstages, was folgt:

§. 1. Für Handelssachen wird ein für alle Staaten des Norddeutschen Bundes gemeinsamer oberster Gerichtshof errichtet, dessen Zuständigkeit sich über das gesammte Bundesgebiet erstreckt und welcher die Benennung „Bundes-Oberhandelsgericht" führt.

§. 2. Das Bundes-Oberhandelsgericht soll in Leipzig seinen Sitz haben und aus einem Präsidenten, einem oder mehreren Vizepräsidenten und der erforderlichen Anzahl von Räthen bestehen.

§. 3. Die Mitglieder des Bundes-Oberhandelsgerichts werden auf Vorschlag des Bundesraths von dem Bundespräsidium ernannt.

§. 4. Die Ernennung der erforderlichen Sekretäre erfolgt im Namen des Bundespräsidiums durch den Bundeskanzler, die Ernennung der erforderlichen übrigen Subaltern- oder Unterbeamten durch den Präsidenten des Bundes-Oberhandelsgerichts.

§. 5. Der für das Bundes-Oberhandelsgericht erforderliche Aufwand wird aus der Bundeskasse bestritten. Insbesondere werden alle bei dem Bundes-Oberhandelsgerichte angestellten Beamten als Bundesbeamte aus der Bundeskasse besoldet.

§. 6. Zum Mitgliede des Bundes-Oberhandelsgerichts kann nur ein Rechtskundiger ernannt werden, welcher nach den Gesetzen des Bundesstaates, dem er angehört, befähigt ist, zum rechtskundigen Mitgliede eines oberen Gerichtshofes dieses Staates ernannt zu werden, oder welcher an einer Deutschen Universität die Stelle eines ordentlichen öffentlichen Lehrers des Rechts bekleidet.

§. 7. Zur Fassung gültiger Beschlüsse des Bundes-Oberhandelsgerichts ist die Theilnahme von mindestens sieben Mitgliedern, einschließlich des Vorsitzenden, erforderlich. Die Zahl der Mitglieder, welche bei der Fassung eines Beschlusses eine entscheidende Stimme führen, muß in allen Fällen eine ungerade sein. Ist die Zahl der bei der Erledigung einer Sache mitwirkenden Mitglieder eine gerade, so führt dasjenige Mitglied, welches zum Rathe des Bundes-Oberhandelsgerichts zuletzt ernannt ist und bei gleichem Dienstalter derjenige, welcher der Geburt nach der jüngere ist, nur eine berathende Stimme.

§. 8. Das Bundes-Oberhandelsgericht kann, auf Grund eines Beschlusses des Bundesrathes, in mehrere Senate getheilt werden.

Die Zusammensetzung der Senate erfolgt durch den Präsidenten, mindestens auf die Dauer eines Gerichtsjahres. Für dieselbe Dauer hat der Präsident die Mitglieder zu bezeichnen, welchen für Verhinderungsfälle die Vertretung obliegt.

Ein Mitglied des Bundes-Oberhandelsgerichts kann gleichzeitig ständiges Mitglied mehrerer Senate sein.

Den Vorsitz in den Senaten führt der Präsident, ein Vizepräsident und in Verhinderungsfällen derjenige Rath des Senats, welcher das Amt eines Rathes am Bundes-Oberhandelsgericht am längsten bekleidet, und bei gleichem Dienstalter derjenige, welcher der Geburt nach der ältere ist.

§. 9. Wenn die Ansicht eines Senats über eine Rechtsfrage von einer früheren Entscheidung desselben Senats oder eines anderen Senats oder des Plenums abweicht, so muß vor der Sachentscheidung diese Rechtsfrage vor das Plenum gebracht werden. Die Ansicht des letzteren ist für die Entscheidung der Sache, welche zu der Plenarberathung Veranlassung gegeben hat, maßgebend.

§. 10. Zur Praxis bei dem Bundes-Oberhandelsgerichte, einschließlich der zur Instruktion der Rechtsmittel dienenden Handlungen (§§. 17 u. 18) sowie zur Niederlassung am Sitze jenes Gerichtshofes sind alle in einem Staate des Norddeutschen Bundes zur gerichlichen Praxis fest zugelassenen Rechtsanwalte und Advokaten berechtigt.

Zur Annahme von Zustellungen haben die Parteien einen am Orte des Bundes-Oberhandelsgerichts wohnenden Bevollmächtigten zu bestellen. Unterlassen sie dies, so erfolgt die Zustellung durch die Post mittelst rekommandirten Schreibens.

§. 11. Der Geschäftsgang bei dem Bundes-Oberhandelsgerichte wird durch ein Regulativ geordnet, welches der Gerichtshof zu entwerfen und dem Bundesrathe zur Bestätigung einzureichen hat.

In dem Geschäfts-Regulative sind insbesondere auch die Befugnisse des Präsidenten festzustellen und die Angelegenheiten zu bezeichnen, welche noch außer den in diesem Gesetze bezeichneten Fällen durch das Plenum zu erledigen sind.

§. 12. Das Bundes-Oberhandelsgericht tritt in Handelssachen an die Stelle des für das Gebiet, in welchem die Sache in erster Instanz anhängig geworden ist, nach den Landesgesetzen bestehenden obersten Gerichtshofes mit derjenigen Zuständigkeit, welche nach diesen Landesgesetzen dem obersten Gerichtshofe gebührt.

Die Zuständigkeit des Bundes-Oberhandelsgerichts kann durch Aktenversendung an juristische Spruchkollegien und Fakultäten nicht ausgeschlossen werden.

§. 13. Handelssachen im Sinne dieses Gesetzes sind diejenigen bürgerlichen Rechtsstreitigkeiten, in welchen durch die Klage ein Anspruch

1) gegen einen Kaufmann (Art. 4 des Allgemeinen Deutschen Handelsgesetzbuchs) aus dessen Handelsgeschäften (Art. 271—276 des Allgemeinen Deutschen Handelsgesetzbuchs),
2) aus einem Wechsel im Sinne der Allgemeinen Deutschen Wechselordnung,

3) aus einem der nachstehend bezeichneten Rechtsverhältnisse geltend gemacht wird:

a) aus dem Rechtsverhältnisse zwischen den Mitgliedern einer Handelsgesellschaft, zwischen dem stillen Gesellschafter und dem Inhaber des Handelsgewerbes, sowie zwischen den Theilnehmern einer Vereinigung zu einzelnen Handelsgeschäften oder einer Vereinigung zum Handelsbetriebe (Art. 10 des Allgemeinen Deutschen Handelsgesetzbuchs), sowohl während des Bestehens, als nach Auflösung des geschäftlichen Verhältnisses, ingleichen aus dem Rechtsverhältnisse zwischen den Liquidatoren oder den Vorstehern einer Handelsgesellschaft, und der Gesellschaft oder den Mitgliedern derselben;

b) aus dem Rechtsverhältnisse, welches das Recht zum Gebrauche der Handelsfirma betrifft;

c) aus dem Rechtsverhältnisse, welches durch die Veräußerung eines bestehenden Handelsgeschäfts zwischen den Kontrahenten entsteht;

d) aus dem Rechtsverhältnisse zwischen dem Prokuristen, dem Handlungsbevollmächtigten oder dem Handlungsgehülfen und dem Eigenthümer der Handelsniederlassung, sowie aus dem Rechtsverhältnisse zwischen einer dritten Person und demjenigen, welcher ihr als Prokurist oder Handlungsbevollmächtigter aus einem Handelsgeschäfte haftet (Art. 55 des Allgemeinen Deutschen Handelsgesetzbuchs);

e) aus dem Rechtsverhältnisse, welches aus den Berufsgeschäften des Handelsmäklers im Sinne des Allgemeinen Deutschen Handelsgesetzbuchs zwischen diesem und den Parteien entsteht;

f) aus den Rechtsverhältnissen des Seerechts, insbesondere aus denjenigen, welche auf die Rhederei, die Rechte und Pflichten des Rheders, des Korrespondent-Rheders und der Schiffsbesatzung, auf die Bodmerei und Haverei, auf den Schadensersatz im Falle des Zusammenstoßens von Schiffen, auf die Bergung und Hülfeleistung in Seenoth und auf die Ansprüche der Schiffsgläubiger sich beziehen.

Ist nach den Landesgesetzen die Klage noch in anderen, als den vorstehend unter Nr. 1 bis 3 bezeichneten bürgerlichen Rechtsstreitigkeiten vor das Handelsgericht erster Instanz gewiesen, so sind auch diese Rechtsstreitigkeiten als Handelssachen im Sinne dieses Gesetzes anzusehen.

§. 14. Ist in Folge einer Klagenhäufung über eine Handelssache und über eine andere Sache durch ein Erkenntniß zu entscheiden, so ist die Zuständigkeit des Oberhandelsgerichts nur dann begründet, wenn der Werth der Handelssache der höhere ist.

Dasselbe gilt, wenn in Folge einer Widerklage, welche mit der Klage in einem und demselben Rechtsstreite zu erledigen ist, Handelssachen und andere Sachen den Gegenstand der Entscheidung bilden.

§. 15. Wird in einem zur Zuständigkeit des Bundes-Oberhandelsgerichts gehörigen Rechtsstreite in Folge eines Sicherheitsarrestes oder einer Zwangsvollstreckung von einem Dritten Widerspruch erhoben, so ist für den aus einem solchen Widerspruche entstehenden Rechtsstreit das Bundes-Oberhandelsgericht nur dann zuständig, wenn dieser Rechtsstreit nach den Vorschriften des §. 13 ganz oder zum Theil zur Zuständigkeit des Bundes-Oberhandelsgerichts gehört.

Auch in Bezug auf Einwendungen, welche im Zwangsvollstreckungsverfahren von Seiten des Klägers oder des Beklagten erhoben werden, ist das Bundes-Oberhandelsgericht nur insofern zuständig, als der in Folge dieser Einwendungen entstandene Rechtsstreit nach den Bestimmungen des §. 13 ganz oder zum Theil zur Zuständigkeit des Bundes-Oberhandelsgerichts gehört.

§. 16. In den zur Zuständigkeit des Bundes-Oberhandelsgerichts gehörenden Rechtssachen bestimmt sich das Prozeßverfahren auch bei diesem Gerichtshofe nach den für das Gebiet, aus welchem die Sache an das Bundes-Oberhandelsgericht gelangt, geltenden Prozeßgesetzen, soweit nicht dieses Gesetz ein Anderes vorschreibt.

Hierdurch wird nicht ausgeschlossen, daß Prozeßhandlungen, welche in einem anderen Gebiete vorgenommen werden, hinsichtlich der Form nach dem Rechte des Orts ihrer Vornahme zu beurtheilen sind.

§. 17. In denjenigen Gebieten, in welchen nach den daselbst geltenden Prozeßgesetzen das Rechtsmittel, über welches der oberste Gerichtshof zu entscheiden hat, bei einem diesem nachgeordneten Gerichte instruirt wird, tritt dieses Verfahren auch in denjenigen Sachen ein, welche zur Zuständigkeit des Bundes-Oberhandelsgerichts gehören. In diesen Sachen sind die Akten nach beendigter Instruktion des Rechtsmittels an das Bundes-Oberhandelsgericht einzusenden.

Der Beschluß des Gerichts, bei welchem das Rechtsmittel instruirt wird, die Akten an das Bundes-Oberhandelsgericht oder an den obersten Landesgerichtshof einzusenden, ist einer Anfechtung nicht unterworfen.

§. 18. Ist das Rechtsmittel nach den für das Verfahren maßgebenden Prozeßgesetzen des betreffenden Gebiets bei dem obersten Gerichtshofe zu instruiren, so erfolgt diese Instruktion auch in den zur Zuständigkeit des Bundes-Oberhandelsgerichts gehörigen Sachen nicht bei letzterem, sondern bei demjenigen obersten Gerichtshofe, dessen Zuständigkeit begründet sein würde, wenn eine andere, als eine Handelssache vorläge und zwar in derselben Weise, als wenn dieser Gerichtshof auch für die Entscheidung zuständig wäre.

Nach beendigter Instruktion hat der gedachte Gerichtshof, wenn er das Bundes-Oberhandelsgericht für zuständig erachtet, die Akten an dieses abzugeben. Findet nach den für das Verfahren maßgebenden Prozeßgesetzen eine mündliche Verhandlung vor der Entscheidung über das Rechtsmittel statt, so erfolgt diese mündliche Verhandlung bei dem Bundes-Oberhandelsgerichte. — In den nach dem Rheinischen Prozeßrechte zu verhandelnden Sachen werden die Akten nach Eingang der Erwiderungsschrift des Kassationsverklagten oder nach Ablauf der für die Niederlegung dieser Schrift bestimmten Frist unter Beifügung eines schriftlichen Requisitoriums des General-Staatsanwaltes an das Bundes-Oberhandelsgericht abgegeben.

§. 19. Auf die nach dem Hannoverschen Prozeßrecht zu verhandelnden Sachen finden die §§. 17 und 18 keine Anwendung. Die Nichtigkeitsbeschwerde ist in Gemäßheit des §. 435 der Hannoverschen Prozeßordnung zur Terminsbestimmung unmittelbar bei dem Bundes-Oberhandelsgerichte einzureichen. Erklärt sich das letztere für unzuständig, oder spricht der oberste Landesgerichtshof, wenn bei diesem die Nichtigkeitsbeschwerde eingereicht und der Termin zur mündlichen Verhandlung erwirkt ist, seine Unzuständigkeit aus, so sind die Akten im ersteren Falle an den obersten Landesgerichtshof, im zweiten Falle an das Bundes-Oberhandelsgericht abzugeben. Bei dem Gerichtshofe, an welchen die Akten abgegeben sind, kann jede Partei den Termin zur mündlichen Verhandlung erwirken. Die bisherigen Prozeßhandlungen bleiben in den bezeichneten Fällen wirksam, was insbesondere auch in Ansehung der rechtzeitigen Einlegung des Rechtsmittels gilt.

§. 20. Ist nach den für das Verfahren maßgebenden Prozeßgesetzen bei der mündlichen Verhandlung eine Mitwirkung der Staatsanwaltschaft erforderlich, so wird diese durch ein von dem Präsidenten des Bundes-Oberhandelsgerichts zu ernennendes Mitglied des letzteren vertreten.

§. 21. Der Beschluß eines obersten Landesgerichtshofes, durch welchen sich derselbe für zuständig oder deshalb für unzuständig erklärt, weil das Bundes-Oberhandelsgericht zuständig sei, oder der Beschluß des letzteren, durch welchen sich dieses für zuständig oder deshalb für unzuständig erklärt, weil ein oberster Landesgerichtshof zuständig sei, ist einer Anfechtung nicht unterworfen und für den anderen Gerichtshof bindend.

§. 22. Für die Berechnung der Gerichtskosten und für die Berechnung der Gebühren der Anwalte und Advokaten sind in den an das Bundes-Oberhandelsgericht gelangenden Sachen die Vorschriften maßgebend, nach welchen die Kosten und Gebühren zu berechnen sein würden, wenn die Sache an den obersten Landesgerichtshof gelangt wäre. Die Mehrkosten, welche durch Reisen eines auswärtigen Anwalts oder Advokaten nach dem Sitze des Bundes-Oberhandelsgerichts entstehen, ist der Gegner zu erstatten nicht verbunden. Stempelpapier und Stempelmarken sind bei dem Bundes-Oberhandelsgerichte nicht zu verwenden, vielmehr ist der Betrag der Stempel, welche, wenn die Sache bei dem obersten Landesgerichtshofe anhängig geworden wäre, für die bei diesem stattfindenden Ausfertigungen, einschließlich der Dekrete, Beschlüsse und Urtheile, nach den Landesgesetzen zu verwenden gewesen sein würden, als Gerichtsgebühr zu berechnen und mit den Gerichtskosten einzuziehen. Dies gilt auch von den an das Bundes-Oberhandelsgericht gerichteten Gesuchen und Eingaben der Parteien.

Die für die Geschäfte des Bundes-Oberhandelsgerichts zu berechnenden Kosten fließen zur Bundeskasse. Für das Verfahren, welches dadurch entstanden ist, daß die Sache zunächst an das unzuständige Gericht gelangt und von diesem an das zuständige abgegeben ist, kommen Gerichtskosten nicht in Ansatz.

§. 23. Die Mitglieder des Bundes-Oberhandelsgerichts werden auf Lebenszeit angestellt.

Ein Mitglied des Bundes-Oberhandelsgerichts wird seines Amtes und des damit verbundenen Gehaltes verlustig: wenn dasselbe in dem Strafverfahren durch Erkenntniß des zuständigen Gerichts eines Bundesstaats zum Amtsverluste, zu einer entehrenden Strafe, zu einer nicht entehrenden Freiheitsstrafe von längerer als einjähriger Dauer, oder wegen eines entehrenden Verbrechens oder Vergehens zu einer Strafe rechtskräftig verurtheilt worden ist.

Entsteht Zweifel darüber, ob einer der vorstehend bezeichneten Fälle vorliege, so wird hierüber im Plenum des Bundes-Oberhandelsgerichts entschieden.

§. 24. Ist gegen ein Mitglied des Bundes-Oberhandelsgerichts eine Untersuchung (§. 23) eingeleitet worden, so kann das Bundes-Oberhandelsgericht mittelst Plenarbeschlusses die Suspension des Angeschuldigten von seinem Amte für die Dauer der Untersuchung aussprechen.

Die Suspension tritt von Rechtswegen ein, wenn gegen den Angeschuldigten die Untersuchungshaft verhängt wird.

Durch die Suspension wird das Recht auf den Genuß des vollen Gehalts während der Dauer der Suspension nicht berührt.

§. 25. Wenn ein Mitglied des Bundes-Oberhandelsgerichts durch ein körperliches Gebrechen oder durch Schwäche seiner körperlichen oder geistigen Kräfte zur Erfüllung seiner Amtspflichten dauernd unfähig wird, so tritt seine Versetzung in den Ruhestand gegen Gewährung einer Pension ein.

Die jährliche Pension beträgt bis zur Vollendung des zehnten Dienstjahres $^{20}/_{60}$ des Gehalts; sie erhöht sich mit der Vollendung eines jeden folgenden Dienstjahres und bis zur Vollendung des fünfzigsten Dienstjahres um je ein $^{1}/_{60}$ des Gehalts.

Bei Berechnung der Dienstzeit wird die Zeit mitgerechnet, während welcher das Mitglied sich im Dienste des Norddeutschen Bundes oder im Staats- oder Kommunaldienste eines Bundesstaates befunden oder in einem Bundesstaate als Anwalt, Advokat, Notar, Patrimonialrichter oder als öffentlicher Lehrer des Rechts an einer Deutschen Universität fungirt hat.

Liegen die Voraussetzungen der Versetzung eines Mitgliedes in den Ruhestand vor, ohne daß dasselbe ein hierauf gerichtetes Gesuch einreicht, so kann die Versetzung dieses Mitgliedes in den Ruhestand durch Plenarbeschluß des Bundes-Oberhandelsgerichts ausgesprochen werden.

Das Verfahren bestimmt sich nach den in der Anlage veröffentlichten Vorschriften der §§. 56—63 des Königlich Preußischen Gesetzes, betreffend die Dienstvergehen der Richter und die unfreiwillige

Versetzung derselben auf eine andere Stelle oder in den Ruhestand, vom 7. Mai 1851. Die Verrichtungen des Staatsanwaltes und des Untersuchungsrichters werden von je einem Mitgliede des Bundes-Oberhandelsgerichts, welches der Präsident ernennt, wahrgenommen.

§. 26. Die in den §§. 23—25 bezeichneten Entscheidungen und Beschlüsse des Bundes-Oberhandelsgerichts können mit einem Rechtsmittel nicht angefochten werden.

§. 27. Der Zeitpunkt, mit welchem dieses Gesetz in Wirksamkeit tritt, wird durch Verordnung des Bundespräsidiums bestimmt. In den zu diesem Zeitpunkte bei einem obersten Landesgerichtshofe bereits anhängigen Sachen tritt die Zuständigkeit des Bundes-Oberhandelsgerichts nicht ein. Als anhängig gelten auch diejenigen Sachen, in welchen die Absendung der Akten zur Instruktion oder zur Abfassung der Entscheidung bereits beschlossen ist.

Urkundlich unter Unserer Höchsteigenhändigen Unterschrift und beigedrucktem Bundes-Insiegel.

Gegeben Berlin, den 12. Juni 1869.

(L. S.) **Wilhelm.**

Gr. v. Bismarck-Schönhausen.

Anlage.

(Zu §. 25.)

Auszug aus dem Königlich Preußischen Gesetz, betreffend die Dienstvergehen der Richter und die unfreiwillige Versetzung derselben auf eine andere Stelle oder in den Ruhestand, vom 7. Mai 1851.

§. 56. Ein Richter, welcher durch Blindheit, Taubheit oder ein sonstiges körperliches Gebrechen, oder wegen Schwäche seiner körperlichen oder geistigen Kräfte zu der Erfüllung seiner Amtspflichten dauernd unfähig ist, muß in den Ruhestand versetzt werden.

§. 57. Sucht der Richter in einem solchen Falle seine Versetzung in den Ruhestand nicht nach, so findet das in den nachstehenden Paragraphen vorgeschriebene Verfahren statt.

§. 58. Der Richter oder sein nöthigenfalls hierzu besonders zu bestellender Kurator wird von dem Vorsitzenden des Gerichts, dessen Mitglied er ist, schriftlich unter Angabe der Gründe darauf aufmerksam gemacht, daß der Fall der Versetzung in den Ruhestand vorliege.

In Ansehung der Einzelrichter hat den Beruf hierzu der Präsident oder Direktor desjenigen Gerichts erster Instanz, in dessen Gerichtssprengel der Einzelrichter angestellt ist; in Ansehung der Präsidenten oder Direktoren der Gerichte erster Instanz der Erste Präsident des Appellationsgerichts; in Ansehung der Ersten Präsidenten der Appellationsgerichte der Erste Präsident des obersten Gerichtshofes.

§. 59. Die in dem vorhergehenden Paragraphen vorgeschriebene Eröffnung geschieht durch den zuständigen Vorsitzenden von Amtswegen oder auf den Antrag der Staatsanwaltschaft.

Wird sie nicht vorgenommen, so beschließt das unmittelbar höhere Gericht, oder wenn es sich um den Ersten Präsidenten eines Appellationsgerichts oder ein Mitglied eines obersten Gerichtshofes handelt, dieser Gerichtshof in seiner Plenarversammlung, von Amtswegen oder auf den Antrag der Staatsanwaltschaft, daß sie stattfinden solle, und in diesem Falle muß sie von dem Ersten Präsidenten des beschließenden Gerichts vorgenommen werden.

Dem Ersten Präsidenten eines obersten Gerichtshofes kann die Eröffnung nur auf Grund eines Beschlusses dieses Gerichtshofes gemacht werden, welcher alsdann von dem gesetzlichen Stellvertreter des Ersten Präsidenten vollzogen wird.

§. 60. Wenn der Richter oder dessen Kurator nicht innerhalb sechs Wochen von dem Tage der ihm in Gemäßheit der §§. 58 oder 59 gemachten Eröffnung seine Versetzung in den Ruhestand freiwillig nachsucht, so muß, wenn es sich um ein Mitglied eines obersten Gerichtshofes oder um den Ersten Präsidenten eines Appellationsgerichts handelt, oder wenn in Gemäßheit des §. 59 ein Beschluß des obersten Gerichtshofes ergangen ist, dieser Gerichtshof, in allen übrigen Fällen das Appellationsgericht, nachdem ihm die etwaige Gegenerklärung des betreffenden Richters vorgelegt worden ist, in einer Plenarversammlung darüber Beschluß fassen, ob dem Verfahren Fortgang zu geben sei oder nicht.

§. 61. Beschließt das Gericht die Fortsetzung des Verfahrens, so ernennt dessen Erster Präsident einen Richter-Kommissar. Dieser hat die Thatsachen, durch welche die Versetzung in den Ruhestand begründet werden soll, zu erörtern, die erforderlichen Zeugen und Sachverständigen eidlich zu vernehmen, und zum Schlusse den

Richter oder dessen Kurator mit seiner Erklärung über das Ergebniß der Erörterung zu hören.

§. 62. Die geschlossenen Akten werden dem Gerichte vorgelegt, welches in seiner Plenarversammlung nach Anhörung der Staatsanwaltschaft darüber Beschluß faßt, ob der Fall der Versetzung in den Ruhestand vorliege. Das Gericht kann vor Abfassung dieses Beschlusses die Vorladung der Zeugen und der Sachverständigen zum Zwecke ihrer mündlichen Vernehmung in der Sitzung verordnen. Dem Gericht steht es jederzeit zu, das Erscheinen des betheiligten Richters unter der Warnung zu verordnen, daß bei seinem Ausbleiben ein Anwalt zu seiner Vertretung nicht zugelassen wird.

§. 63. Der Beschluß ist einem Rechtsmittel nicht unterworfen. Er wird dem Justizminister übersandt, welcher, wenn derselbe dahin lautet, daß der Fall der Versetzung in den Ruhestand vorliege, das Weitere zu veranlassen hat.

IV.

Reichsgesetz, betr. die Verbindlichkeit zum Schadenersatz für die bei dem Betriebe von Eisenbahnen, Bergwerken rc. herbeigeführten Tödtungen und Körperverletzungen. Vom 7. Juni 1871.

(R.G.Bl. S. 207—209.)

Wir **Wilhelm**, von Gottes Gnaden Deutscher Kaiser, König von Preußen rc. verordnen im Namen des Deutschen Reichs, nach erfolgter Zustimmung des Bundesrathes und des Reichstages, was folgt:

§. 1. Wenn bei dem Betriebe einer Eisenbahn ein Mensch getödtet oder körperlich verletzt wird, so haftet der Betriebs-Unternehmer für den dadurch entstandenen Schaden, sofern er nicht beweist, daß der Unfall durch höhere Gewalt oder durch eigenes Verschulden des Getödteten oder Verletzten verursacht ist.

§. 2. Wer ein Bergwerk, einen Steinbruch, eine Gräberei (Grube) oder eine Fabrik betreibt, haftet, wenn ein Bevollmächtigter oder ein Repräsentant oder eine zur Leitung oder Beaufsichtigung des Betriebes oder der Arbeiter angenommene Person durch ein Verschulden in Ausführung der Dienstverrichtungen den Tod oder die

Körperverletzung eines Menschen herbeigeführt hat, für den dadurch entstandenen Schaden.

§. 3. Der Schadenersatz (§§. 1 und 2) ist zu leisten:

1) im Falle der Tödtung durch Ersatz der Kosten einer versuchten Heilung und der Beerdigung, sowie des Vermögensnachtheils, welchen der Getödtete während der Krankheit durch Erwerbsunfähigkeit oder Verminderung der Erwerbsfähigkeit erlitten hat. War der Getödtete zur Zeit seines Todes vermöge Gesetzes verpflichtet, einem Andern Unterhalt zu gewähren, so kann dieser insoweit Ersatz fordern, als ihm in Folge des Todesfalles der Unterhalt entzogen worden ist;

2) im Fall einer Körperverletzung durch Ersatz der Heilungskosten und des Vermögensnachtheils, welchen der Verletzte durch eine in Folge der Verletzung eingetretene zeitweise oder dauernde Erwerbsunfähigkeit oder Verminderung der Erwerbsfähigkeit erleidet.

§. 4. War der Getödtete oder Verletzte unter Mitleistung von Prämien oder anderen Beiträgen durch den Betriebs-Unternehmer bei einer Versicherungsanstalt, Knappschafts-, Unterstützungs-, Kranken- oder ähnlichen Kasse gegen den Unfall versichert, so ist die Leistung der Letzteren an den Ersatzberechtigten auf die Entschädigung einzurechnen, wenn die Mitleistung des Betriebs-Unternehmers nicht unter einem Drittel der Gesammtleistung beträgt.

§. 5. Die in den §§. 1 und 2 bezeichneten Unternehmer sind nicht befugt, die Anwendung der in den §§. 1 bis 3 enthaltenen Bestimmungen zu ihrem Vortheil durch Verträge (mittelst Reglements oder durch besondere Uebereinkunft) im Voraus auszuschließen oder zu beschränken.

Vertragsbestimmungen, welche dieser Vorschrift entgegenstehen, haben keine rechtliche Wirkung.

§. 6. Das Gericht hat über die Wahrheit der thatsächlichen Behauptungen unter Berücksichtigung des gesammten Inhalts der Verhandlungen nach freier Ueberzeugung zu entscheiden.

Die Vorschriften der Landesgesetze über den Beweis durch Eid, sowie über die Beweiskraft öffentlicher Urkunden und gerichtlicher Geständnisse bleiben unberührt.

Ob einer Partei über die Wahrheit oder Unwahrheit einer thatsächlichen Behauptung noch ein Eid aufzulegen, sowie ob und inwieweit über die Höhe des Schadens eine beantragte Beweisaufnahme anzuordnen oder Sachverständige mit ihrem Gutachten zu hören, bleibt dem Ermessen des Gerichts überlassen.

§. 7. Das Gericht hat unter Würdigung aller Umstände über die Höhe des Schadens, sowie darüber, ob, in welcher Art und in welcher Höhe Sicherheit zu bestellen ist, nach freiem Ermessen zu erkennen. Als Ersatz für den zukünftigen Unterhalt oder Erwerb ist, wenn nicht beide Theile über die Abfindung in Kapital einverstanden sind, in der Regel eine Rente zuzubilligen.

Der Verpflichtete kann jederzeit die Aufhebung oder Minderung der Rente fordern, wenn diejenigen Verhältnisse, welche die Zuerkennung oder Höhe der Rente bedingt hatten, inzwischen wesentlich verändert sind. Ebenso kann der Verletzte, dafern er den Anspruch auf Schadenersatz innerhalb der Verjährungsfrist (§. 8) geltend gemacht hat, jederzeit die Erhöhung oder Wiedergewährung der Rente fordern, wenn die Verhältnisse, welche für die Feststellung, Minderung oder Aufhebung der Rente maßgebend waren, wesentlich verändert sind.

Der Berechtigte kann auch nachträglich die Bestellung einer Sicherheit oder Erhöhung derselben fordern, wenn die Vermögensverhältnisse des Verpflichteten inzwischen sich verschlechtert haben.

§. 8. Die Forderungen auf Schadenersatz (§§. 1 bis 3) verjähren in zwei Jahren vom Tage des Unfalls an. Gegen denjenigen, welchem der Getödtete Unterhalt zu verschaffen hatte (§. 3 Nr. 1), beginnt die Verjährung mit dem Todestage. Die Verjährung läuft auch gegen Minderjährige und diesen gleichgestellte Personen von denselben Zeitpunkten an, mit Ausschluß der Wiedereinsetzung.

§. 9. Die Bestimmungen der Landesgesetze, nach welchen außer den in diesem Gesetz vorgesehenen Fällen der Unternehmer einer in den §. 1 und 2 bezeichneten Anlage oder eine andere Person, insbesondere wegen eines eigenen Verschuldens für den bei dem Betriebe der Anlage durch Tödtung oder Körperverletzung eines Menschen entstandenen Schaden haftet, bleiben unberührt.

Die Vorschriften der §§. 3. 4. 6 bis 8 finden auch in diesen Fällen Anwendung, jedoch unbeschadet derjenigen Bestimmungen der Landesgesetze, welche dem Beschädigten einen höheren Ersatzanspruch gewähren.

§. 10. Die Bestimmungen des Gesetzes, betreffend die Errichtung eines obersten Gerichtshofs für Handelssachen, vom 12. Juni 1869, sowie die Ergänzungen desselben werden auf diejenigen bürgerlichen Rechtsstreitigkeiten ausgedehnt, in welchen durch die Klage oder Widerklage ein Anspruch auf Grund des gegenwärtigen Gesetzes oder der in §. 9 erwähnten landesgesetzlichen Bestimmungen geltend gemacht wird.

Urkundlich ꝛc.

V.

Reichsgesetz, betreffend die Inhaberpapiere mit Prämien. Vom 8. Juni 1871.

(R.G.Bl. S. 210 u. 211.)

Wir **Wilhelm**, von Gottes Gnaden Deutscher Kaiser, König von Preußen ꝛc. verordnen im Namen des deutschen Reichs, nach erfolgter Zustimmung des Bundesrathes und des Reichstages, was folgt:

§. 1. Auf den Inhaber lautende Schuldverschreibungen, in welchen allen Gläubigern oder einem Theile derselben außer der Zahlung der verschriebenen Geldsumme eine Prämie dergestalt zugesichert wird, daß durch Ausloosung oder durch eine andere auf den Zufall gestellte Art der Ermittelung die zu prämiirenden Schuldverschreibungen und die Höhe der ihnen zufallenden Prämie bestimmt werden sollen (Inhaberpapiere mit Prämien), dürfen innerhalb des deutschen Reichs nur auf Grund eines Reichsgesetzes und nur zum Zwecke der Anleihe eines Bundesstaates oder des Reichs ausgegeben werden.

§. 2. Inhaberpapiere mit Prämien, welche nach Verkündigung des gegenwärtigen Gesetzes, der Bestimmung im §. 1 zuwider, im Inlande ausgegeben sein möchten, ingleichen Inhaberpapiere mit Prämien, welche nach dem 30. April 1871 im Auslande ausgegeben sind, dürfen weder weiter begeben, noch an den Börsen, noch an anderen zum Verkehr mit Werthpapieren bestimmten Versammlungsorten zum Gegenstande eines Geschäfts oder einer Geschäftsvermittelung gemacht werden.

§. 3. Dasselbe gilt vom 15. Juli 1871 ab von ausländischen Inhaberpapieren mit Prämien, deren Ausgabe vor dem 1. Mai 1871 erfolgt ist, sofern dieselben nicht abgestempelt sind (§§. 4. 5).

§. 4. Die Schuldverschreibungen, deren Abstempelung erfolgen soll, müssen spätestens am 15. Juli 1871 zu diesem Zwecke eingereicht werden.

Für die Abstempelung ist eine Gebühr zu entrichten, welche für eine Schuldverschreibung, deren Nominalbetrag den Werth von Einhundert Thalern nicht übersteigt 5 Sgr. oder 17½ Kr. S. W., für eine Schuldverschreibung, deren Nominalbetrag den Werth von Einhundert Thalern übersteigt . . 10 = = 35 = = = beträgt.

Der Ertrag dieser Abstempelungsgebühr fließt zur Reichskasse.

§. 5. Der Bundesrath wird die zur Ausführung dieses Gesetzes erforderliche Instruktion erlassen und in derselben festsetzen, unter welchen Umständen ein gutgläubiger Inhaber, der aus entschuldbaren Gründen die Einreichungsfrist versäumt hat, noch nachträglich Abstempelung seiner Schuldverschreibungen erlangen kann. Der Bundesrath wird ferner zur Berechnung der Stempel-Abgabe den Thalerwerth der fremden Valuten feststellen, auch die Behörden bestimmen, bei welchen die Einreichung zur Abstempelung (§. 4) zu erfolgen hat.

§. 6. Wer den Bestimmungen der §§. 1. 2 oder 3 zuwiderhandelt, verfällt in eine Geldstrafe, welche dem fünften Theile des Nennwerthes der den Gegenstand der Zuwiderhandlung bildenden Papiere gleichkommt, mindestens aber Einhundert Thaler betragen soll.

Mit Geldstrafe bis zu Einhundert Thalern oder Gefängniß bis zu drei Monaten wird bestraft, wer ein im §. 2 oder §. 3 bezeichnetes Inhaberpapier mit Prämie öffentlich ankündigt, ausbietet oder empfiehlt, oder zur Feststellung eines Kurswerthes notirt.

Urkundlich 2c.

Druck von Friedrich Frommann in Jena.

Druck von Fr. Frommann in Jena.

FSC
www.fsc.org
MIX
Papier | Fördert gute Waldnutzung
FSC® C083411

Kolibri 360 GmbH
Ferdinand-Jühlke-Straße 7
99095 Erfurt, Deutschland
produktsicherheit@kolibri360.de